AF454609

# LE THÉ

## DE L'EUROPE,

### OU

### LES PROPRIETEZ

## DE LA VERONIQUE,

### TIRÉES

Des Observations des meilleurs Auteurs; & sur tout de celles de Mr Francus Medecin Allemand.

A PARIS,

Chez

La Veuve de JEAN BOUDOT, Imprimeur ordinaire du Roi & de l'Academie Roïale des Sciences.

ET

JEAN BOUDOT Fils, Imprimeur ordinaire du Roi & de l'Academie Roïale des Sciences, ruë S. Jacques, au Soleil d'or, prés S. Severin.

M. DCC. VII.

AVEC PERMISSION

The des Chinois

Veronique

# LE THÉ [1]

## DE L'EUROPE,

### OU

## LES PROPRIETEZ

## DE LA VERONIQUE.

---

## HISTOIRE DE LA
### *Veronique.*

L'EXTRAIT qu'on a don-
né dans le Journal des
Sçavans, du 8. Janvier, 1703.
du Traité que M<sup>r</sup> Francus Medecin de la ville d'Ulme

en Franconie , * a fait imprimer
touchant les vertus de la Veronique , me fit naître l'envie de
lire ce que les plus fameux Medecins ont observé , sur l'usage
de cette Plante.  Je trouvai que
l'experience leur en avoit fait
connoître des vertus tres singu-
lieres , pour la guerison de plusieurs maladies: Mais comme personne n'est entré dans un si grand
détail que Mr Francus , qui n'a
pas fait difficulté de l'appeller
'e Thé de l'Europe : J'ai crû
aire plaisir au Public , de join-
dre aux Observations de ce sça-
vant Homme , non seulement
celles des autres Medecins qui en
ont parlé , mais aussi celles que
j'ai eu occasion de faire depuis
quelque tems.

Ce discours sera donc divisé en

* Ce Traité est intitulé : *Veronica Theezans,
&c. Lipsiæ & Coburgi* 1700.

cinq Chapitres. Le I. renfer-
mera la deſcription exacte de la
Veronique, afin qu'on ne la con-
fonde pas avec quelques autres
eſpeces de ce même genre, comme cela n'arrive que trop ſouvent dans l'uſage des Plantes. Le
I I. parlera de ſon analyſe.   On
trouvera dans le I I I. ſa comparaiſon avec le Thé.  On rappor-
tera dans le  I V. les vertus de
la Veronique.  Le V. ſera deſ-
tiné pour les Obſervations de M$_r$
Francus.

## CHAPITRE I.

*Deſcription de la Veronique.*

ON a pouſſé la connoiſſance
des Plantes ſi loin, dans ces
derniers tems, que l'on a dé-
couvert juſques à cinquante-deux

especes de Veronique. *

Celle dont nous parlons, s'appelle communément en François Veronique, ou Veronique mâle : En Latin *Veronica mas, supina & vulgatissima, C.B.Pin. 246. Veronica vulgatior, folio rotundiore JB. 3. 282.* Tabernæmontanus en a donné une assez bonne figure, sous le nom de *Veronica.* Elle vaut beaucoup mieux que celle que Mr Francus en a fait graver. Cette Plante naît dans les bois, dans les taillis, dans les bruieres, & se trouve en abondance autour de Paris.

La racine de la Veronique mâle est épaisse au colet d'environ une ligne, brune, garnie de fibres roussâtres, peu cheveluës, deliées & longues de deux ou trois pouces. Ses tiges sont couchées sur terre, noüeuses, & jettent des

* *Inst. Rei herb. pag. 143. & Coroll. pag 7.*

premiers nœuds, quelques fibres
femblables à celles de la racine :
c'eft par le fecours de ces fibres,
que la Plante fe multiplie. Les
tiges ont quelquefois neuf ou dix
pouces de long, fuivant la bonté
du lieu où elles naiffent : Elles
font vert-pâle, veluës, rougeâ-
tres en quelques endroits, ligneu-
fes, rondes, épaiffes d'une ligne,
accompagnées de feüilles oppo-
fées deux à deux à chaque nœud :
Ces feüilles varient par rapport
au terrain. On trouve des pieds
de Veronique, dont les feüilles
font plus grandes ou plus petites ;
ordinairement les inferieures ont
un pouce de long, fur fept ou
huit lignes de large ; elles font
fort pointuës à leur naiffance, &
retraiffies en maniere pedicule,
arrondies à leur extremité, crenelées fur les bords en dent de
fcie, vert-pâle, parfemées de poils,

qui les rendent douces & comme veloutées : Celles qui font
vers le milieu de la tige & au-
delà, font plus grandes que les
premieres, plus pointuës à leur
extremité, & attachées aux tiges fans pedicule : Les tiges fe
relevent enfuite jufques à la hau-
teur de fept ou huit pouces. La
figure de Tabernæmontanus, ne
les reprefente pas affez courbes.
Des aiffelles des feuilles naiffent
dés le bas des branches quelquefois fimples, quelquefois fub-
divifées en deux brins & garnies
de feüilles femblables aux autres :
Ces brins font chargez de fleurs
affez ramaffées lorfqu'elles commencent à paroître, puis allon-
gées en maniere d'épi de trois ou
quatre pouces de long : Chaque
fleur eft d'une feule piece, large
de deux lignes, quelquefois davantage, percée dans le centre,

terminée en derriere par un petit anneau blanchâtre, partagée en devant en quatre quartiers, dont celui d'en-haut & les deux qui font fur les côtez font affez arrondis; l'inferieur eft fort étroit & pointu, les uns & les autres font purpurin lavé, tirant fur le bleu, raïé de lignes plus foncées : On trouve quelques piez qui ont les fleurs blanchâtres, & quelques autres qui les ont couleur de chair. Mr Francus en a remarqué auprés d'Ulme, qui avoient les fleurs blanches piquées fort proprement de points purpurins. Des bords de l'anneau s'élevent quatre étamines longues de deux lignes, bleuâtres avec des fommets de même couleur; le calice qui eft attaché contre les brins par une queuë de demie ligne de long, eft auffi divifé en quatre parties longues d'une ligne; mais

fort étroites ; du fond de ce calice fort un piſtile aplati , vert-
pâle , qui s'articule dans l'anneau
de la fleur , & qui ſe termine par
un filet tres - delié ; ce piſtile devient dans la ſuite un fruit mem-
braneux & plat , long de deux
lignes & demie , coupé pour ainſi
dire , en maniere de cœur ; dans
l'échancrure duquel ſe conſerve
encore le filet du piſtile : Le fruit
eſt d'abord vert-pale , puis il devient brun ; l'interieur en eſt di-
viſé en deux loges , par une cloi-
ſon , qui de la pointe va ſe ter-
miner à l'échancrure ; & ces loges ſont remplies de quelques ſe-
mences rouſſâtres , plates , preſque
rondes.

La racine de cette Plante eſt
amere , mais les feüilles le ſont
encore davantage ; on ne trouve
point d'odeur conſiderable dans
aucunes de ſes parties ; elle fleu-

rit au commencement de Juin ; il faut la cueillir en Mai, dans le tems qu'elle eſt prête à fleurir. On croit que la meilleure Veronique vient au pié des Chênes ; mais l'experience n'a pas confirmé cette Obſervation, non plus que celle de Mr Francus, qui pretend que les feuilles de cette Plante n'ont plus de vertu lorſque les fleurs paroiſſent.

---

# CHAPITRE II.

*Analyſe de la Veronique.*

ON s'eſt ſervi de feuilles & ſommitez de la Veronique fraiche, pilée & fermentée, juſques à ce que ſon odeur tirât ſur l'aigre. Il y a beaucoup d'apparence que dans cet état les principes des Plantes commencent à

se desunir sensiblement, & qu'ainsi
la chaleur du feu bien ménagée, les
separe avec plus de facilité. Cette
précaution est necessaire pour les
fruits vineux, qui donnent cet
esprit ardent & inflammable, que
l'on appelle eau-de-vie, & que
l'on ne sçauroit tirer des Raisins,
des Figues, des Cerises, & des
Fruits semblables qu'aprés la fermentation. Pour ce qui est des
Plantes qui n'ont pas de suc vineux, on ne trouve pas grande
difference entre leurs analyses fai-
tes avec fermentation, ou sans fermentation : Ainsi l'on ne rappor-
tera pas ici l'analyse de la Veronique non fermentée, parce qu'-
elle ne differe pas de celle qu'on
a faite de la même Plante bien
fermentée.

Huit livres donc de cette
Plante, distilées dans un alem-
bic au Bain-Marie, ont donné

cinq livres & six onces d'eau, que l'on a divisée en treize portions, d'environ six onces chacune ; les dix premieres étoient fort claires, d'une odeur assez forte, mais d'une saveur assez fade & douceâtre ; les deux dernieres étoient jaunes couleur de paille, & leur odeur approchoit de l'empireume.

La premiere portion a rougi la solution de Tournesol en rouge brun.

La deuxiéme lui a donné une belle couleur de vin de Bourgogne.

La troisiéme l'a renduë couleur de cerise.

La quatriéme l'a fait paroître rouge orangé, mais vif.

La cinquiéme, & les autres jusques à la dixiéme, ont fait de même.

Les quatre dernieres ont co-

loré la même solution d'un rouge plus fort, c'est-à-dire, moins
orangé.

Toutes ces portions n'ont fait
aucun changement avec l'huile de
Tartre , ni avec l'esprit volatile
de Sel ammoniac.

D'où il paroît que l'eau de Veronique est manifestement acide ;
mais cet acide est extremement
volatile : car quoique cette eau
ait de tres grandes vertus , ainsi
que nous le dirons dans la suite ;
cependant si on la laisse évaporer
jusques à siccité, elle ne laisse aucune sorte de residence , non plus
que les autres eaux distilées. Il
est des matieres qui agissent vive-
ment, quoiqu'elles soient divisées
à un point, où il semble que leur
vertu devroit être détruite : Par
exemple , l'eau où les Pommes
de Coloquinte ont infusé quelque tems, filtrée & évaporée, ne

laisse presque aucune residence ;
quoique cette même eau soit un
violent purgatif ; ainsi l'évapora-
tion de la pluspart des eaux mine-
rales ne conduit presque à rien ;
car il faut convenir que plusieurs
pintes de ces eaux agissent peut-
être en vertu d'un grain ou deux
de quelque matiere saline ou ter-
reuse, qui étoit d'une division in-
finie, ou bien que la matiere qui
les fait agir s'évapore avec l'eau,
de même que dans les eaux distilées.

Aprés la distilation de la Veronique, dont on vient de par-
ler, on a mis ce qui s'est trouvé
dans la Cucurbite, dans une Cor-
nuë de grez, d'où l'on a tiré par
un feu tres-moderé deux portions
d'esprit, qui pesoient treize onces
cinq gros : Cet esprit a la même
odeur que l'esprit de Tartre, mais
il est moins acide ; car il ne rou-

git la folution de Tournefol qu'en rouge brun, il altere bien moins l'huile de Tartre, & n'épaiffit pas fi fort l'efprit de Sel ammoniac : Il eft vrai que cet acide dans l'efprit de Veronique eft moderé par une legere portion de Sel-alcali, car il blanchit la folution de fublimé, au delà de ce qu'on appelle le louche, & enfuite on s'apperçoit de quelques grumeaux.

Aïant pouffé le feu, l'huile fetide a paffé dans le Balon, mêlée avec quatre onces d'efprit, de même caractere que le precedent ; l'huile étoit fort épaiffe, & du poids de dix onces trois gros ; la tête morte bien calcinée & leffivée, a donné trois gros de Sel fixe, & dix gros de terre.

Il y a apparence aprés toutes ces recherches, que la Veronique

que dans son état naturel con-
tient beaucoup d'acide , lequel
étant mêlé avec la terre , forme
une matiere semblable à ce qu'on
appelle Sel de Corail, qui comme tout le monde sçait, n'est que
terre rassasiée d'acide.   Dans la
Veronique il y en a beaucoup
plus qu'il n'en faut pour rassasier
la terre qui s'y trouve ; d'ailleurs
ces deux principes sont unis avec
beaucoup de soûfre , & l'on ne
sçauroit disconvenir qu'il n'y ait
aussi quelque legere portion d'esprit urineux ; mais elle s'y trouve
en si petite quantité , qu'elle ne
doit pas entrer en ligne de com-
pte.  Il y a beaucoup d'apparence
que l'acide , le soûfre & le fleg-
me font les parties actives & do-
minantes de cette Plante.   Il est
bon de remarquer aussi que l'infusion de la Veronique devient assez
noire par le mélange du Vitriol :

B

celle du foin en fait de même, &
c'eſt une indice que ces infuſions
ont quelque choſe de la nature de
la galle, qui leur donne un petit
degré de ſtipticité, que l'on peut
raporter à l'acide, & à la terre
qui s'y trouvent.

---

# CHAPITRE III.

## *Comparaiſon de la Veronique avec le Thé.*

LA comparaiſon de la Veronique avec le Thé, ne peut
tomber que ſur leurs vertus, &
c'eſt tout ce que l'on peut ſouhai-
ter pour l'uſage de la Medecine ;
car d'ailleurs ces Plantes ſont tres
differentes par leur port & par
leurs parties ; la reſſemblance de
leurs feuilles étant tres certainement fort legere.

Le Thé eſt un arbriſſeau qui naît dans le Roïaume de Siam, dans la Chine & dans le Japon; ſes feuilles ſont aſſèz ſemblables à celles de nos Amandiers, mais beaucoup plus minces, & crenelées plus proprement; les fleurs en ſont à cinq feuilles blanchâtres, diſpoſées autour du même centre, qui eſt occupé par une toufe d'étamines; à ces fleurs ſuccedent des fruits verts d'abord, puis fort bruns; ce ſont des coques aſſez dures, quoique minces, quelquefois ſimples & ſpheriques, qui crevent le plus ſouvent, & laiſſent voir une eſpece de noiſette, moins brune & plus liſſe, remplie d'un noïau charnu; on trouve quelques-uns de ces fruits à deux coques, & d'autres à trois; elles ſont ſeparées par des cloiſons rouſſatres & luiſantes. Mr Tournefort de l'Academie Roïale

des Sciences, en conserve dans
son Cabinet, qui sont fort bien
conditionnez.    Toute la Plante,
excepté les fleurs, est gravée assez
proprement dans Breynius. *

Tous ceux qui ont écrit de la
Chine & du Japon, disent des
merveilles de l'infusion des feuilles du Thé ; ce remede purifie
les humeurs dans les uns par la
transpiration, & dans les autres
par la voye des urines ; il tran-
quilise & dissipe ces cruelles in-
somnies, qui fatiguent si fort les
malades ; les vapeurs les plus fâcheuses cedent bien souvent à son
usage, ainsi que les vertiges &
les douleurs de tête causées par
des cruditez, & par des indiges-
tions.

Le Thé est un aperitif benin,
qui debourbe les visceres dans
les maladies chroniques, sans

* *Cent.* I. 112.

emporter avec trop de violence
les digues qui s'opposent au cours
des liqueurs, ni faire de ces fon-
tes fâcheuses, que causent la plû-
part des remedes chimiques.

L'infusion de Thé guerit le
rhume & les rhumatismes, non-
seulement en adoucissant la limphe & les serositez aigries ou sa-
lées; mais en leur procurant des
passages plus libres par les con-
duits urinaires; & comme cette
Plante fortifie les parties nourri-
cieres, & décrasse celles qui sont
destinées pour les secretions des
humeurs, il n'est pas surprenant
qu'elle en fasse briller les parties les plus spiritueuses, & qu'-
elle donne lieu au soûfre des
alimens d'entretenir ce baume de
vie, qui est si necessaire pour se
bien porter.

Enfin, le Thé est un puissant
stomachique, un excellent diure-

tique, un bon cephalique ; & il soûtient si bien les forces & l'integrité des fonctions, que ceux qui s'en servent passent des nuits entieres à travailler sans fatigue ni épuisement.

Ce que Boutekoe raporte du Thé, pour la guerison des fiévres intermittentes, me paroît bien singulier. Pour chasser ces sortes de fiévres, quelques opiniâtres qu'elles soient, il faut le jour de l'accés faire prendre au malade vingt tasses de Thé, dont la teinture soit amere & tres forte ; mais les jours d'intermission, il faut qu'il en boive quarante ou cinquante tasses preparées à la maniere ordinaire.

Les Chinois sont persuadez que l'usage du Thé les garantit du calcul & de la pierre, qui sont des maladies si frequentes, & si cruelles dans les autres parties du monde ; ils en ufent fort pour fortifier la vûë, pour guerir la furdité, la colique & le cours de ventre.

On verra dans le Chapitre fuivant, que la Veronique n'a pas de moindres vertus.

## CAAPITRE IV.

*Des vertus de la Veronique.*

I. POur les douleurs de tête caufées par des indigeftions, la Veronique agit plus promtement & plus efficacement que le Thé. Ces têtes vaporeufes qui reffemblent à des bombes prêtes à éclater, fe tranquilifent comme par enchantement par l'infufion de la Veronique, pourvû que l'on prenne le foin de tenir le ventre libre aux malades.

par l'uſage de l'Aloës, ou de quelque autre laxatif, d'où dépend
le ſoulagement des hipocondria-
ques, car ſans ce ſecours les autres remedes bien loin d'agir, ne
font le plus ſouvent qu'irriter le
mal.

I I. La Veronique tient les
ſens dans une vigueur admirable.
Les gens de Lettres & les Predi-
cateurs ſe trouvent parfaitement
bien de ſon uſage en maniere de
Thé ; elle réjoüit le cerveau, &
diſſipe cette limphe épaiſſie, qui
empêche les eſprits de briller, &
qui dans la ſuite produit des af-
fections ſoporeuſes, & même l'a-
poplexie. Cette Plante éclaircit
la vûë, & rend l'organe de l'oüie
bien plus délicat. Elle ſurpaſſe
la Brunelle pour les maux de gor-
ge, tant en cataplaſme qu'en gar-
gariſme ; ſur tout ſi ce gargariſ-
me eſt animé par quelques grains

de

de Sel-ammoniac : La decoction de cette plante mêlée avec le miel rosat remet la luette, fortifie les gencives, affermit les dents, & guerit les ulceres scorbutiques, si l'on y ajoûte quelques gouttes de teinture de Gomme-laque.

III. La tisanne de Veronique est specifique pour la toux seche, & même elle est d'un grand secours pour la fiévre lente ; ainsi que l'eau distilée de la même plante. C'est un remede incomparable pour arrêter les paroxismes d'asthme ; & pour faire vuider cette colle qui farcit les vesicules & les bronches du poumon. Selon Hofman, on voit des phtysiques se rétablir par l'usage du lait, où cette plante a boüilli ; & des ulceres du poumon, se consolider par le syrop fait avec le jus de la Veronique. Tragus pour les maladies du poumon, faisoit infuser un gros de feüilles de Veronique dans deux onces & demie de l'eau distilée de la même plante, y ajoûtant un gros d'écorce moienne de *Solanum scandens, seu Dulcamara.* Zuvelfer se servoit du Rob de Veronique, pour le crachement de sang, & pour les ulceres du poumon. Riviere l'estimoit beaucoup pour les mêmes maladies. Il est rapporté dans les Journaux d'Allemagne, qu'une personne qui avoit une fistule dans la poitrine, fut guerie par l'usage frequent de l'eau de Veronique ; & cette fistule avoit resisté à une infinité de remedes tres bien indiquez. Le syrop de Veronique composé, est merveilleux dans ces sortes d'occasions ; voicy la maniere de le faire.

Prenez Veronique entre fleur & graine, deux poignées ; feüilles de Scabieuſe, de Remors, de Bugle, de Sanicle, de Ruta muraria, de Pulmonaire, de Conſoude, de chacune une poignée; Ache cinq ou ſix feüilles; fleurs de Bourrache, de Buglo-ſe, de Violettes, de Pas-d'âne, de chacune demie once; lavez le tout proprement, & le mettez infuſer dans quatre pintes d'eau de riviere, pour les faire boüil-lir juſques à la diminution de la moitié: Il faut enſuite paſſer la decoction par un linge & la faire bouillir avec demie once de Regliſſe, autant de Jujubes & de Sebeſtes, une once de Raiſin de Damas, de Dattes & de Fi-gues, juſques à ce que le tout ſoit reduit à trois chopines: car alors on le repaſſe par un linge, & l'on y ajoûte une livre de miel ou de ſucre, pour en faire un ſyrop.

IV. N'admirera-t-on pas les vertus de la Veronique, par rapport au calcul & aux maladies de la veſſie ? Il y a une tres belle obſervation dans les Journaux d'Allemagne, qui nous apprend qu'une femme par le long uſage de la decoction de cette plante, avoit rendu du calcul qui l'incommodoit depuis environ ſeize ans. Craton, Eraſte, Geſner, qui ont été des plus fameux Medecins de leurs tems, s'en ſervoient tres utilement pour cette maladie. Pour la colique nefretique, aprés les ſaignées neceſſaires, il faut faire mettre le malade dans le bain preparé avec la decoction de la Veronique, appliquer le marc de cette decoction ſur le bas ventre, donner des lavemens avec la Veronique, & en faire boire l'infuſion, à laquelle on ajoûtera les yeux d'E-

crevisse. Craton & Simon Pauli
faisoient preparer ces lavemens
avec la Veronique boüillie dans
du lait de Vache, & du sucre ;
le même lait est admirable pour
le cours de ventre, & pour la
dysenterie. Cette plante fait
des merveilles dans l'hydropisie,
aprés la ponction ; rien ne dé-
bouche mieux les visceres & n'en-
traîne plus aisément les obsta-
cles, qui s'opposant aux cours des
liqueurs, donnoient lieu aux é-
panchemens des serositez dans
la capacité du bas ventre ; le foïe
ne s'égoute pas seulement par
l'usage de ce remede, mais sa tis-
sure de racornie qu'elle étoit, devient souple, doüillette, obeïs-
sante ; les urines de briquetées
qu'elles étoient, donnent des
marques de coction, & se réta-
blissent peu à peu. On a vû
bien des hydropiques, dont les

parties n'étoient pas gâtées jusques à un certain point, guerir par l'usage de cette plante. Son extrait preparé avec les bayes de Genievre, comme l'enseigne Fabricius Hildanus, est d'un grand secours dans toutes les obstructions des parties du bas ventre : L'usage de sa poudre fortifie la matrice, & en éloigne les causes de la sterilité. Hofman, par le moïen de cette poudre délaiée dans de l'eau, a fait faire des enfans à des femmes qui avoient perdu l'esperance de concevoir, aprés plusieurs années de mariage.

V. La Veronique est un puissant sudorifique ; c'estoit le grand secret de Craton dans la Peste, & dans les fiévres malignes. Schroder, Cesalpin, Tragus, Zuvelfer, en faisoient le même usage : Ce dernier donnoit deux onces d'esprit de Veronique,

mêlé avec un peu de Teriaque ,
pour faire fuer fes malades ; cet
efprit fe fait en diftilant le vin,
où la Veronique a été en digef-
tion pendant quelques jours : le
même Auteur emploioit auffi le
Rob fait avec deux livres de fuc
de Veronique , & une livre de
fucre. L'experience a fait connoître que cette Plante n'étoit
pas moins efficace pour les fiévres intermittentes ; il faut faire
boire un grand verre de fa ti-
fanne à l'entrée de l'accez , ou
bien faire boire au malade trois
cuillerées de fon jus , le couvrir
raifonnablement , & le laiffer quatre heures fans luy donner de nour-
riture.

VI. Les ufages exterieurs de
la Veronique , ne font pas moins
avantageux ; elle eft aftringente
& refolutive : par les mêmes principes qu'elle emporte les obftru-

ctions, elle ouvre les pores de la peau, & incise les matieres qui y étoient retenuës; ces matieres s'échapant au travers de ces soupiraux, donnent lieu aux fibres de se rétablir par leur ressort; & la tumeur ou le relâchement étant dissipé par resolution, on a coûtume de dire, que la Plante est astringente; de même qu'on l'appelle aperitive, lorsqu'elle degage les visceres & les parties glanduleuses; ainsi ouvrir & resserrer ne font que des qualitez relatives, qui dépendent des mêmes principes, & qui nous donnent occasion de les appeller de differens noms. Pour les simples plaies, & pour toute sorte de contusions, on n'a qu'à piler grossierement la Veronique, & l'appliquer sur la partie. Nous avons bien des plantes qui font le même effet, comme le Persil, la

Racine vierge, le Cerfeuil ; mais je n'en connois point de fi fouveraine que la Veronique pour les maladies de la peau. Cefalpin, Fuchfius & Liebaut affurent qu'un Roi de France fut guéri de la lépre, par les fomentations qu'on lui faifoit avec l'eau de cette Plante. Il n'eft point de galle ni de gratelle, qui ne cede à cette eau ; elle deffeche les ulceres des Jambes, qui ne fuppofent point de carie dans les os. Horftius arrêtoit avec ce remede les ulceres qu'on nomme ambulans, & qui font de fi grands progrés dans peu de tems. Du Renou la donne pour un fpecifique dans le cancer. Il y a des perfonnes à Paris qui font un grand fecret de l'eau de Veronique pour effacer les taches du vifage. Il eft certain que c'eft un excellent cofmetique.

Comme M^r Francus a confirmé par ses Observations, la pluf-
part des vertus connuës de la Ve-
ronîque, & que d'ailleurs il en a
observé des nouvelles, on a crû
qu'il estoit necéssaire de les rap-
porter ici.

---

# CHAPITRE V.

*Observations de M^r Francus, sur les
vertus de la Veronique.*

I. UNe pauvre Femme âgée
de soixante & quinze ans,
tourmentée d'un asthme & d'une
toux, qui ne lui donnoient aucun
relâche, a été guerie parfaitement par l'usage de la poudre de
la Veronique mêlée avec un peu
de miel : on mêle un gros de
poudre avec une once de miel ; le
malade prend ce remede le matin

à jeun ; l'aprés midi, trois heures aprés avoir dîné ; & le soir, deux heures aprés avoir soupé.

II. Une Femme asthmatique & hydropique, aprés avoir inutilement éprouvé plusieurs remedes, eut recours à moi, qui lui conseillai de faire bouillir dans une suffisante quantité d'eau de pluie, deux poignées de Veronique, avec une once de Reglisse ; d'exprimer le tout par un linge, & d'ajoûter à ce qui seroit passé six onces de vinaigre, avec une quantité raisonnable d'extrait de Genievre ; elle usa de ce remede pendant quelques jours, & fut parfaitement bien guerie.

III. Une malade tourmentée depuis long-tems d'une toux des plus opiniâtres, a été guerie en prenant seulement deux fois le jour un demi gros de poudre de Veronique dans de l'eau de Sauge.

IV. Un Homme, que des douleurs de reins mettoient à une ſi
grande extremité, qu'on auroit
crû qu'il alloit expirer, a été entierement délivré de la gravelle,
en ſuivant le conſeil que je lui
donnai, de prendre ſouvent de la
Veronique mêlée avec de l'hydromel; ſçavoir, un gros de poudre de cette Plante dans deux
onces d'hydromel: Cet Homme
a été ſi bien guéri, qu'il s'eſt
marié depuis, & a eu pluſieurs
enfans.

V. Un Enfant de dix ans, fils
d'un de mes voiſins, aïant été
mordu d'un Chien, fut guéri
dans quatorze jours, par les feüilles de la Veronique, que l'on
appliquoit ſur la plaie, aprés les
avoir écraſées, par l'avis d'un
Chirurgien, appellé Elie Wal-
ther.

VI. Un Païſan qui fauchoit du

foin, étant dangereusement blessé au pié par un de ses camarades, mit sur sa plaïe, par l'avis d'une bonne Femme qui se trouva sur le lieu, des feüilles de Veronique broïées, & fut parfaitement guéri.

VII. Un de mes parens âgé de quarante ans, étant malade d'une hydropisie, accompagnée de fiévre ; eut le malheur de se mettre entre les mains d'une Femme, qui augmenta son mal par plusieurs remedes qu'elle lui fit prendre mal à propos. Le malade étant à l'extremité me consulta ; je le guéris par le remede suivant : On fit infuser pendant deux heures sur des cendres chaudes, deux poignées de Veronique dans une pinte de bon vin ; ensuite on exprima la liqueur, dans laquelle on fit infuser de même deux autres poignées de

Veronique ; on exprima de nou-
veau, & l'on fit une troisiéme infusion de Veronique, que l'on fit
bouillir legerement, aprés quoi
l'on mit ce vin dans une bouteille ;
le malade prit plusieurs fois le jour
trois cuillerées de ce vin mêlé, avec
un peu de vin ordinaire : La fiévre cessa, l'enflure fut tout-à-fait
dissipée.

VIII. Un Homme, qu'un mor-
ceau de verre avoit blessé à l'œil,
& qui ne voioit goutte ; recouvra
la veuë, en bassinant cette partie,
où il y avoit un dépos considera-
ble, avec du suc de Veronique bien
dépuré, auquel on avoit ajoûté
un peu de Camphre, couvrant la
blessure avec un cataplasme adoucissant.

IX. Une Dame âgée de qua-
rante-deux ans, extrémement
malade, aprés un accouchement
laborieux, où il avoit fallu tirer

ſon enfant par morceaux , ne trouva pas de meilleur moien pour re-
medier à l'enflure & à l'inflamma-
tion , que l'accouchement avoit
laiſſé dans les parties , que d'y faire
appliquer un cataplaſme de Veronique cuite dans du lait.

X. Je ſçai certainement que la
poudre , dont le ſçavant Muller ſe
ſervoit avec tant de ſuccés contre
la pierre, n'étoit que la poudre de
Veronique.

XI. Une Femme de qualité,
qui avoit la fiévre double tierce
depuis ſix mois, guerit parfaitement par l'uſage du vin de Veronique , dont on a parlé dans
la ſeptiéme Obſervation ; on y
ajoûtoit quelques gouttes d'Huile
eſſentielle de Romarin , & la malade fut purgée avec l'Antimoine
preparé.

XII. Un Homme de qualité
de Baviere , que le trop frequent

uſage de la Rhubarbe avoit rendu ſujet aux vertiges ; aprés avoir
été purgé pluſieurs fois, ſans en re-
cevoir aucun ſoulagement ; fut entierement guéri de ce fâcheux ac-
cident par la tiſane de Veronique,
où il mettoit un peu de Coriandre
& de Raiſins ſecs.

XIII. Un fameux Medecin
mort depuis quelques années, fit
une cure admirable par le ſecours
de la Veronique. Le malade âgé
de vingt ſept ans, avoit un em-
pieme ; il rendit beaucoup de pûs
par la bouche, ramaſſé en pelo-
tons, qui avoient la conſiſtence
de ſuif ; aprés quoi continuant l'u-
ſage de cette Plante, il fut parfaitement guéri.

XIV. Une Paiſane d'un Bourg
voiſin de nôtre Ville, appellé
Berg, étant tourmenté d'une
violente diſurie, & ſe trouvant
entre les mains d'un Empirique,
qui

qui ne faisoit qu'augmenter ses douleurs, bien loin de luy procurer du soulagement, a été délivrée de cette maladie par des cataplasmes de Veronique, pilée & passée par la poële avec du beurre frais ; on appliqua seulement deux ou trois de ces cataplasmes sur la region du Pubis.

XV. Une Femme qui rendoit du sang par ses urines, depuis un an, pour avoir receu plusieurs coups de bâton sous la plante des pieds par son mari, fut guerie par mon conseil, avec l'usage de la Veronique.

XVI. Mr Melderus Docteur en Medecine, rapporte qu'un Medecin étranger l'a assuré qu'un Gentilhomme qui avoit un ulcere dans le poumon, & qui d'ailleurs étoit tourmenté d'une violente toux & d'un asthme fâcheux, avoit été parfaitement

D

gueri par la decoction de Veronique, dont il se servit pendant
quelques semaines : Tant il est vrai
de dire que la nature aime les remedes simples.

XVII. Ma Femme, qui s'ap-
pelle Veronique de nom de Ba-
tême, étant attaquée d'une toux
si violente, qu'elle lui causoit de
grands vomissemens, souffroit
cruellement pendant la nuit ; je
lui fis prendre une tisane avec la
Reglisse, les Figues, la racine
d'Iris de Florence, & celle
d'Enula - Capana; mais ne pou-
vant pas s'accommoder de cette
boisson, je lui en fis preparer une
autre avec la Veronique, les
Raisins secs & la Canelle : La
toux fut appaisée aprés le quatriéme jour, si bien qu'elle ne
jugea plus à propos de s'en servir. Dans ce temps-là une pauvre Femme du Village de Holz-

fchuang, d'une conftitution affez
feche, d'une poitrine retraiffie,
fatiguée d'une horrible toux, paf-
fant pardevant chez nous pour
mandier fon pain, me pria tres
inftamment de luy enfeigner par
charité quelque remede ; je m'a-
vifai alors de lui donner le refte
de la tifane dont ma Femme ne
prenoit plus ; j'y ajoûtai de nouvelles herbes : La malade en but
pendant quelques jours, & fut ré-
tablie fi parfaitement qu'elle m'en
vint remercier toute tranfportée
de joye.

XVIII. J'ay appris d'un bon
Homme, qu'il n'y a pas de remede plus fûr pour guerir les petits
ulceres qui rongent le nez, que
de les graiffer avec la compofi-
tion fuivante : Mêlez avec un peu
de graiffe d'Anguille une once
de poudre de Veronique & trois
gros de Cerufe.

D

XIX. Un jeune Chirurgien m'a assuré, qu'il avoit connu dans ses voiages quelques Chirurgiens qui guerissoient les Gonorrhées, en faisant des injections dans la partie, avec le suc de Veronique bien dépuré; on peut faire prendre ce suc par la bouche.

XX. Un malade tourmenté d'un mal de tête, causé par le vice de l'estomac, voulut se guerir par l'usage du Thé, mais en vain, je lui conseillai de se servir de la Veronique, au lieu du Thé, il le fit pendant quelques jours; & guerit.

XXI. J'ai gueri par l'usage de la Veronique, une personne qui estoit attaquée tous les jours d'un grand mal de tête, provenant d'une affection scorbutique. Voici comment je m'y pris; j'ordonnai d'abord un vomitif; ensuite je mis le malade à l'usage

d'une tifane faite avec la Veronique, la Menianthe ( qu'on appelle *Trifolium fibrinum* ) & les Rai-
fins fecs : Ce remede eut un tel
fuccés, que le malade recouvra
la fanté en peu de tems. Un
Homme de qualité dont j'ai parlé dans ma Differtation fur le
Mercure donné mal-à-propos,
en fut guéri le plus heureufement
du monde.

XXII. Je fus un jour appellé, pour voir le petit Garçon
d'une perfonne de cette Ville; il
avoit toute la region des hipocondres tres enflée : Je luy fis appliquer de la Veronique fricaffée
avec du beurre ; on continua le
remede pendant quatre jours ; a-
prés quoi le malade fe porta tout-
à fait bien.

XXIII. Un jeune Ecolier,
qui avoit le corps tout couvert
de galle, a été parfaitement

gueri, fans faire d'autre remede, que de boire tous les jours la de-coction de Veronique ; aïant pris une Medecine ordinaire pour fe difpofer à guerifon. L'eau difti-lée de la même Plante fait fuer merveilleufement : je la prefere à l'eau de Fumeterre.

XXIV. La Veronique eft un diuretique affûré : J'ai connu une Fille, qui par le feul ufage de cette Plante, s'eft guerie d'une grande difficulté d'uriner, qui fubfi-ftoit depuis trois jours ; elle bût la tifane de Veronique, à laquelle on ajoûta demi gros d'yeux d'Ecreviffes.

XXV. Un Enfant de dix ans & demi, qui avoit le vifage tout rempli de puftules, a été gueri de cette difformité par le fecours de l'Antimoine diaphrotique, & de la tifane de Veronique, dont il ufoit exterieurement & interieu-rement.

XXVI. Je me souviens d'avoir vû une pauvre Femme, que l'usage seul de la Veronique avoit gueri d'une galle seche, qui la tenoit depuis quinze ans.

XXVII. Une Fille d'un an, sujette à de grands gonflemens des hipocondres, ne pouvoit guerir par tous les remedes que les Charlatans lui faisoient ; on la crut incurable : Cependant afin qu'on n'eut pas à se reprocher de l'avoir laissée mourir sans appeller aucun Medecin, ses parens me prierent de la voir : J'ordonnai sur le champ de la decoction de Veronique en lavement, que l'on reitera dans la suite ; & fit preparer un Julep composé avec l'eau de Veronique & la decoction de Raisins secs ; on le fit prendre à la malade par cuillerées : Elle guerit, & se porte parfaitement bien depuis ce tems-là. Il est bon de remarquer que cet enfant rendit des urines d'une odeur si puante, que personne ne pouvoit les soufrir.

XXVIII. Un Tisserand âgé de quarante-deux ans, sujet à des catharres, étoit fort incommodé d'une fluxion, qui couloit des sinus de la tête par le nez, & que l'on appelle ordinairement *Coryza*: Je lui conseillai de faire une tisane avec la Veronique, les baïes de Genievre, & la graine de Fenoüil. Il en but pendant quelques jours, & se rétablit si parfaitement, qu'il ne fut plus sujet à ces sortes d'incommoditez.

XXIX. Il y a onze ans qu'un Etranger âgé d'environ vingt-six ans, fort pauvre ; mais qui paroissoit assez honnête homme, me consulta sur ses incommoditez Il étoit presque dans le Marasme : sa respiration étoit fort embar-

embarraſſée , il avoit une cruelle toux , & rendoit des matieres
purulentes par ſes crachats : comme il n'étoit pas en état de faire
de la dépenſe en remedes , je lui
ordonnai de prendre pendant un
mois du Rob de Veronique , qui
n'eſt autre choſe que le ſuc de
cette Plante , épaiſſi ſur le feu ;
il s'en trouva fort bien. Je le
mis enſuite à l'uſage de l'Elixir
de proprieté de Paracelſe , dont
il prenoit quelques gouttes dans
du vin :   Ce pauvre homme recouvra ſa ſanté peu à peu ; & voulut m'obliger , par reconnoiſſance ,
d'accepter un livre , qui avoit
pour titre l'Art de peindre en mi-
gnature.

XXX. Je fis boire un jour
de la tiſane de Veronique à un
Enfant qui venoit de tomber ſur
les degrez , & qui s'étoit rude-
ment bleſſé ; ce ſeul remede diſ-

sipa toutes les contusions, & le guerit, sans qu'on eut besoin d'autre secours.

XXXI. Une pauvre Païsane m'a assûré qu'elle avoit arrêté plusieurs fois des pertes de sang tres fâcheuses, qui étoient des suites des regles immoderées, & cela par la poudre de Veronique mêlée avec l'Acacia, qui n'est autre chose que l'extrait des Prunelles. Je ne sçai si nos Medecins ont de pareilles Observations sur l'usage du Thé.

XXXII. Un Païsan qui avoit la tête mangée par la teigne, & que mille sortes de remedes n'avoient pû guerir, fut délivré de ce mal par la seule décoction de Veronique.

XXXIII. Je me souviens d'un jeune Homme, qui aprés avoir été cinq mois malade d'une jaunisse, qui l'avoit jetté dans la Cakexie, accompagnée d'infomnies cruelles, & d'une fiévre qui le minoit peu à peu, ne trouvoit du foulagement dans l'ufage d'aucun remede : Une bonne Femme lui confeilla de boire le matin à jeun, & le foir en fe couchant, du vin rofé, où l'on avoit fait boüillir de la Veronique : Il fut entierement rétabli.

XXXIV. Un Charpentier s'étant bleffé avec fa hache, prit de la Veronique, la mâcha & l'appliqua fur fa bleffure : Il fut gueri dans deux jours.

XXXV. Un malade qui piffoit le fang, & qui ne vouloit prendre aucun remede par la bouche, fut gueri par un cataplafme, fait avec la Veronique & l'eau de Forgeron, que je lui fis appliquer de tems en tems fur le dos.

XXXVI. Un Homme qui depuis sept jours étoit tourmenté d'une cruelle douleur de reins qui s'étendoit vers les uretaires ( ce qu'on appelle proprement Colique - nefretique ) ne recevant aucun soulagement des remedes que lui donnoit un Charlatan, en qui il avoit beaucoup de confiance, m'envoïa querir : je lui fis appliquer chaudement sur le perinée un cataplasme de Veronique, broïée avec l'huile de Lin: Peu de tems aprés l'application de ce remede, le malade urina abondamment, & fut quitte de sa douleur.

XXXVII. Dans le tems que j'étudiois à Wirtemberg, une Lavandiere m'assûra qu'elle avoit été long-tems attaquée d'une grande douleur, qui la prenoit par intervalles à la cuisse gauche ; qu'elle avoit tenté inutilement plusieurs remedes, pour adoucir ce mal ; & qu'enfin elle s'en étoit délivrée, en appliquant sur la partie malade de la Veronique boüillie dans du vin & de l'eau.

XXXVIII. La servante d'un Curé avoit à soixante ans des ulceres aux jambes, & souffroit de grandes douleurs de cette maladie. Le Chirurgien du lieu, qui la traitoit depuis cinq ans par ses Topiques & par ses Pilules, n'avoit sçû la soulager. Je fus mandé, & je reconnus que la maladé avoit une affection scorbutique, qu'il falloit traiter par des specifiques ; je la mis donc pendant vingt jours à l'usage d'une tisane composée avec la Veronique, la Menianthe & la Canelle : Je fis aussi appliquer sur les ulceres le suc de

Veronique, & au bout de vingt jours cette pauvre Servante fut guerie. On voit par-là de quelle conſequence, il eſt dans les maladies chroniques d'examiner s'il n'y a rien qui approche du ſcorbut.

XXXIX. Je me ſouviens d'avoir gueri de la maniere ſuivante, une perſonne qui avoit des Puſtules veneriennes aux Jambes, aux Parties, & à la Bouche: Je la fis vomir, & lui fis prendre enſuite la tiſane, compoſée avec la Veronique, le Bois, & l'extrait de Genievre.

XL. Un Homme, qui depuis un an avoit un crachement de ſang & de pus, avec un dégoût extrême, & qui ſéchoit ſur ſes pieds, aprés avoir tenté pluſieurs remedes, uſa de la Veronique pendant un mois par mon avis, & guerit.

# FIN.

PErmis d'imprimer. *Fait ce 8. Mai 1703.*

M. R. DE VOYER D'ARGENSON.

www.ingramcontent.com/pod-product-compliance
Lightning Source LLC
LaVergne TN
LVHW011351170726
843501LV00006B/1762